ESTE DIÁRIO PERTENCE A:

....

Data: ...... / ...... / ....

Dados Internacionais de Catalogação na Publicação (CIP) de acordo com ISBD

S844m	Stevens, Gillian
	Meu diário rebelde / Gillian Stevens ; traduzido por Monique D'Orazio ; ilustrado por Natalia Moore, Charlotte Pepper. - Jandira, SP : Ciranda Cultural, 2020.
	96 p. : il. ; 15,8cm x 20cm.
	Tradução de: Rebel Diary
	Inclui índice.
	ISBN: 978-85-380-9150-9
	1. Literatura infantojuvenil. 2. Ficção. I. D'Orazio, Monique. II. Moore, Natalia. III. Pepper, Charlotte. IV. Título.
2019-2337	CDD 028.5
	CDU 82-93

Elaborado por Vagner Rodolfo da Silva - CRB-8/9410

Índice para catálogo sistemático:
1. Literatura infantojuvenil 028.5
2. Literatura infantojuvenil 82-93

© 2020 Ciranda Cultural Editora e Distribuidora Ltda.
Produção: Ciranda Cultural
Texto: Gillian Stevens
Ilustrações: Natalia Moore e Charlotte Pepper
Tradução: Monique D'Orazio
Preparação: Paloma Blanca Alves Barbieri

1ª Edição em 2020
www.cirandacultural.com.br
Todos os direitos reservados.

SUMÁRIO

Meu perfil 4
Se eu fosse um líder 7
Palavras fazem a diferença 17
Como o esporte une as pessoas 25
A importância da arte 37
Como a ciência melhora nossas vidas 45
Para onde eu gostaria de viajar 55
Como eu mudaria o mundo 65
Alcançar as estrelas 79
Hall da fama 90
Trabalho dos sonhos 92
Meus objetivos para o próximo ano 94

MEU PERFIL
Um pouco sobre mim:

Nome:

Aniversário:					Signo:

Meus olhos são:

Meu cabelo é:

Cor favorita:

Comida predileta:

Animal que mais gosto:

Música favorita:

Programa de TV que acompanho:

Coisas que a maioria das pessoas não sabe sobre mim:

O TIPO DE PESSOA QUE EU QUERO SER...

Marque ✓, ✓✓ ou ✓✓✓ para cada resposta com a qual você mais se identifica:

Um líder que promove mudanças muito importantes.

Um escritor que inspira as pessoas com o seu trabalho.

Um esportista que une o país.

Um artista que muda a forma como as pessoas pensam.

Um cientista que melhora a vida de todos.

Um explorador que mostra novas culturas.

Um ativista que ajuda os que precisam.

SE EU FOSSE UM LÍDER

COMO A POLÍTICA MUDA A VIDA DAS PESSOAS

LÍDER QUE ADMIRO

Nome:

País:

Coisas que eu admiro nele/nela:

Melhores mudanças que ele/ela realizou:

NELSON MANDELA

DATAS: 1918-2013

NACIONALIDADE: sul-africano

OCUPAÇÃO: presidente da África do Sul, ativista

FATO IMPORTANTE: recebeu o Prêmio Nobel da Paz em 1993

Quando estudou Direito em Joanesburgo, Nelson Mandela era o único aluno negro da universidade. Mais tarde, ele abriu o primeiro escritório de advocacia com profissionais negros e se juntou ao Movimento dos Direitos Civis. Como líder do Congresso Nacional Africano (CNA), lutou contra o *apartheid* – um sistema em que os cidadãos negros da África do Sul eram separados dos brancos e não tinham os mesmos direitos.

Mandela promovia movimentos pacíficos, mas quando planejou bombardear edifícios, foi acusado de terrorismo e enviado para a prisão, em 1962. Durante os 27 anos em que ficou preso, permaneceu fiel ao ideal de que todos deveriam ter direitos iguais na África do Sul.

Quando finalmente foi solto, em 1990, ele continuou sua campanha. Seu sonho se realizou em 1994, quando todos os cidadãos, brancos e negros, passaram a votar.

Nelson Mandela foi o primeiro presidente negro da África do Sul e se tornou um símbolo de igualdade em todo o mundo.

"A educação é a arma mais poderosa que você pode usar para mudar o mundo." Nelson Mandela

LIÇÕES PARA APRENDER COM NELSON MANDELA

Como promover a paz no lugar onde vivo:

....

....

....

....

Como promover a paz no mundo:

....

....

....

....

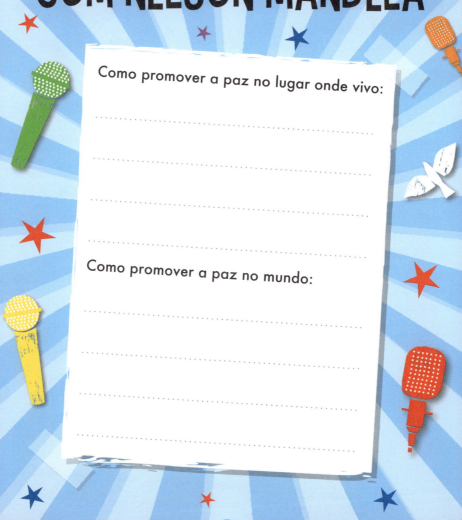

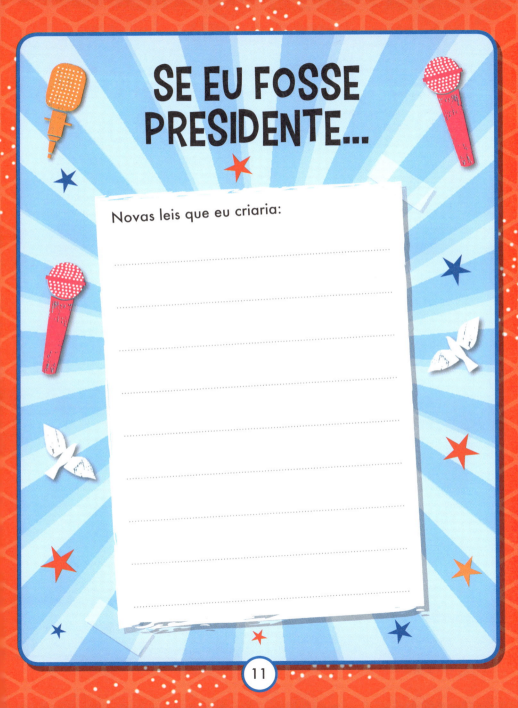

SE EU FOSSE PRESIDENTE...

Novas leis que eu criaria:

SE EU FOSSE O DIRETOR/A DIRETORA DA ESCOLA

Novas regras para os alunos:

1. ....
2. ....
3. ....

4. ....
5. ....
6. ....

CRONOGRAMA PERFEITO

Matérias favoritas antes do intervalo:

....

....

Lanche favorito do intervalo:

....

....

Matérias favoritas depois do intervalo:

....

....

DIÁRIO REBELDE,

Hoje

MARTIN LUTHER KING JR.

DATAS: 1929-1968

NACIONALIDADE: estadunidense

OCUPAÇÃO: pastor e ativista

FATO IMPORTANTE: o homem mais jovem a receber o Prêmio Nobel da Paz

Martin Luther King Jr. foi um pastor batista que se tornou líder do Movimento pelos Direitos Civis nos Estados Unidos. Ele enfrentou a discriminação quando frequentou uma escola segregada e acreditava fervorosamente que todas as pessoas deveriam ser tratadas com igualdade, independentemente de sua cor ou seu gênero.

Entre 1955 e 1956, Martin Luther King Jr. liderou um boicote em massa dos negros aos ônibus da cidade de Montgomery, no Alabama, como forma de protesto contra a segregação nos transportes públicos. Tal fato culminou em uma mudança na lei, que permitiu aos cidadãos negros e brancos andar de ônibus como iguais.

O ativista é considerado um dos oradores mais influentes de todos os tempos e, entre os finais das décadas de 1950 e 1960, viajou pelos Estados Unidos fazendo discursos. Seu trabalho chamou a atenção do mundo, e ele ganhou o apoio do então presidente dos Estados Unidos, John F. Kennedy. Em 1963, organizou uma marcha pacífica em Washington, D.C., quando mais de 250 mil manifestantes, brancos e negros, ouviram-no proferir o discurso "Eu tenho um sonho", que se tornou um dos mais famosos da história. O ativismo de Martin Luther King Jr. levou-o a ser assassinado em 1968.

"Eu tenho um sonho... meus quatro filhos pequenos, um dia, viverão em uma nação onde não serão julgados pela cor de sua pele, mas pelo conteúdo de seu caráter." Martin Luther King Jr.

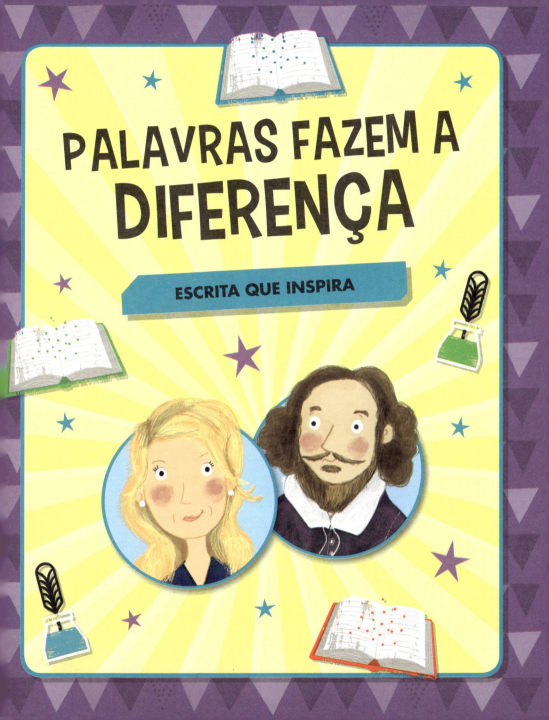

WILLIAM SHAKESPEARE

DATAS: 1564-1616
NACIONALIDADE: inglês
OCUPAÇÃO: dramaturgo, ator e poeta
FATO IMPORTANTE: maior dramaturgo do mundo

William Shakespeare é considerado o maior escritor de língua inglesa. Ele foi um verdadeiro gênio e autor de inúmeras peças famosas. Nascido em Stratford-upon-Avon, na Inglaterra, era filho de um fabricante de luvas. Embora tenha se saído bem na escola, não frequentou a universidade, como muitos outros escritores de seu tempo.

Ele se casou aos 18 anos e, mais tarde, mudou-se para Londres com a família, onde se juntou a uma companhia de teatro e começou com pequenos trabalhos. Logo, tornou-se o principal dramaturgo da companhia, atuou em muitas de suas peças e depois dirigiu a companhia de teatro.

Ao todo, escreveu 37 peças, levando cerca de três meses para finalizar cada uma. Algumas, como *Hamlet* e *Romeu e Julieta*, eram trágicas; outras, como *Sonho de uma noite de verão*, eram de comédia, e havia ainda as históricas. Cada peça foi escrita com uma poesia excepcional e inclui personagens inesquecíveis. É por isso que as suas obras ainda são lidas e apresentadas em todo o mundo, mesmo 400 anos depois de sua morte.

"Para ti mesmo, seja verdadeiro." William Shakespeare

MELHORES LIVROS QUE EU LI

1. .... ,

porque ....

2. .... ,

porque ....

3. .... ,

porque ....

Melhor autor(a):

....

FILMES QUE ME INSPIRAM

1. ....,

porque ....

2. ....,

porque ....

3. ....,

porque ....

Melhor ator/atriz:

....

....

J.K. ROWLING

DATAS: 31 de julho de 1965

NACIONALIDADE: inglesa

OCUPAÇÃO: autora

FATO IMPORTANTE: vendeu aproximadamente 500 milhões de cópias de seus livros pelo mundo todo

Joanne Rowling é a autora viva mais conhecida e bem-sucedida do mundo. Sua série de sete livros sobre Harry Potter e seus amigos na Escola de Magia e Bruxaria de Hogwarts é uma sensação mundial. O primeiro livro, *Harry Potter e a pedra filosofal*, foi publicado em 1997 e virou um sucesso instantâneo.

Quando criança, J.K. Rowling adorava livros e, desde muito cedo, tinha o desejo de ser escritora. Ela escreveu seu primeiro livro, chamado *Rabbit*, aos seis anos e, aos onze, escreveu um romance sobre sete diamantes enfeitiçados. Contudo, foi só na idade adulta que começou a escrever sobre Harry Potter. Foi durante uma viagem de trem, em 1990, que a escritora teve a ideia para a série e, então, passou cinco anos planejando os sete livros. J.K. Rowling também escreveu livros para adultos e fez grandes doações para instituições de caridade em todo o mundo. Ela conseguiu vencer grandes dificuldades pessoais e financeiras e se tornou um grande exemplo de superação.

"Tudo é possível se você tiver coragem suficiente."
J.K. Rowling

O ESCRITOR QUE HÁ EM MIM

Tipo de livro que eu quero escrever:
....

Tipo de filme que eu quero fazer:
....

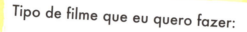

Meu herói / minha heroína do cinema:
....

Se eu pudesse ser qualquer personagem, qual eu seria?
....

O PODER DAS MÍDIAS SOCIAIS

Blogues e canais que me inspiram:

1. ....

2. ....

3. ....

Tema para o meu blogue:

....

....

Tema para o meu canal:

....

....

DIÁRIO REBELDE,

……/……/……

Hoje ………………………………………………………

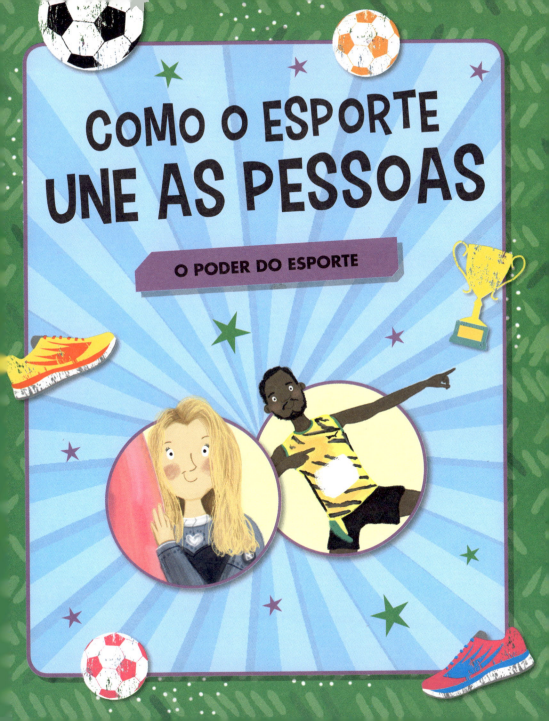

....../....../......

DIÁRIO REBELDE,

Hoje ....
....
....
....
....
....
....
....
....
....
....
....

LEMBRANÇAS DO ESPORTE

Melhores lembranças:

1. ....

2. ....

3. ....

Momentos para esquecer:

1. ....

2. ....

3. ....

PELÉ

DATAS: 23 de outubro de 1940

NACIONALIDADE: brasileiro

OCUPAÇÃO: jogador de futebol

FATO IMPORTANTE: marcou 77 gols pela seleção brasileira em partidas internacionais

Edson Arantes do Nascimento, o Pelé, é considerado por muitos o maior jogador de futebol de todos os tempos. Nasceu em uma família pobre, que não tinha condições de dar ao menino uma bola de futebol; então, ele jogava com uma simples meia recheada de papel no lugar da bola. Seu talento foi logo descoberto, e Pelé se tornou um jogador profissional de futebol com apenas 16 anos. Aos 17, foi escalado para jogar na Seleção Brasileira.

Ele é reconhecido até hoje por seu talento excepcional com os dribles, seu ótimo equilíbrio e sua capacidade de marcar com os dois pés, e sempre diz que todas essas habilidades foram adquiridas em sua infância, quando jogava com bolas de futebol improvisadas, em quintais cheios. Pelé ficou famoso em todo o mundo por causa de seu excelente desempenho em quatro Copas do Mundo.

O talento do atleta ajudou o Brasil a vencer esse torneio mundial por três vezes: em 1958, 1962 e 1970. Apesar de todas as suas conquistas nos campos de futebol, o ex-jogador nunca se esqueceu de suas raízes. Quando ele finalmente se aposentou do esporte que ama, dedicou sua vida a ajudar pessoas de origem humilde, como a sua.

"O sucesso não acontece por acaso. É trabalho duro, perseverança, aprendizado, estudo, sacrifício e, acima de tudo, amor pelo que você está fazendo ou aprendendo a fazer." Pelé

TRABALHO EM EQUIPE

Como posso melhorar meu trabalho em equipe:

1. ....
2. ....
3. ....

Times para os quais eu torço:

1. ....
2. ....
3. ....

USAIN BOLT

DATAS: 21 de agosto de 1986

NACIONALIDADE: jamaicano

OCUPAÇÃO: velocista

FATO IMPORTANTE: considerado o homem mais rápido de todos os tempos

Apelidado de "relâmpago", Usain Bolt é dono do recorde mundial dos 100 e 200 metros livres e ganhou a medalha de ouro em ambas as provas nos Jogos Olímpicos de 2008, 2012 e 2016. Bolt nem sempre quis ser velocista. Nascido em uma pequena cidade da Jamaica, preferia jogar futebol de rua ou críquete, mas quando um treinador de atletismo percebeu como ele corria rápido, Bolt foi convencido a mudar o foco.

Ele não gostava das longas horas de treinamento e se escondia para pregar peças no treinador. Porém, seu talento natural fez com que, aos 15 anos, se tornasse o medalhista de ouro mais jovem em provas juniores de corrida – mesmo usando sapatos de corrida invertidos!

A personalidade descontraída de Bolt teve grande influência em seu sucesso. Talvez não tenha sido coincidência que, pouco antes de quebrar o primeiro recorde mundial, um enorme relâmpago tenha cruzado o céu sobre o estádio. Ele adotou a "pose do raio" para comemorar as vitórias que fizeram dele um dos esportistas mais famosos e populares de todos os tempos.

"O fácil não é uma opção. Não há dias de descanso. Nunca desista. Não tenha medo. Talento você tem naturalmente. Só se desenvolve a técnica com horas e horas de trabalho." Usain Bolt

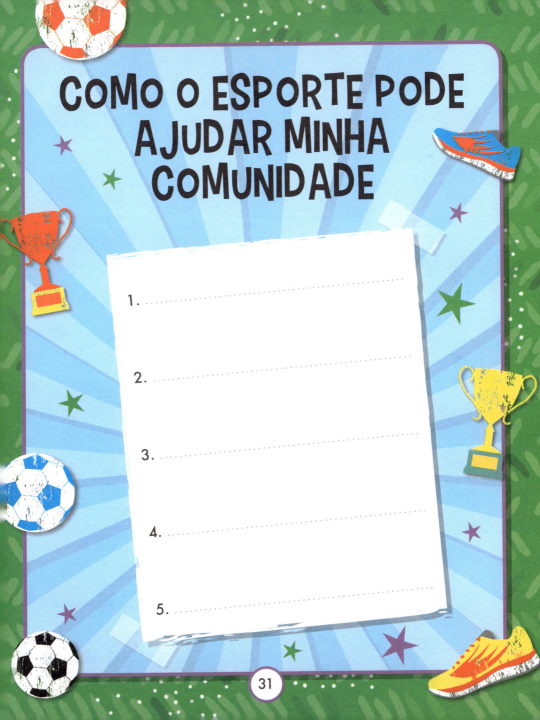

COMO O ESPORTE PODE AJUDAR MINHA COMUNIDADE

1. ....
2. ....
3. ....
4. ....
5. ....

MEUS ÍDOLOS DO ESPORTE

1. ....
2. ....
3. ....
4. ....
5. ....
6. ....
7. ....

....../....../......

DIÁRIO REBELDE,

Hoje ....

MAYA GABEIRA

DATAS: 10 de abril de 1987
NACIONALIDADE: brasileira
OCUPAÇÃO: surfista
FATO IMPORTANTE: eleita a Melhor Atleta Esportiva de Ação em 2009

Maya Gabeira é conhecida por surfar grandes ondas ao redor do mundo. A atleta, que sofre de asma, aprendeu o esporte nas praias do Rio de Janeiro, cidade onde nasceu. Ela acredita que a dificuldade de respirar durante uma crise de asma, na verdade, colabora para que ela não entre em pânico dentro d'água.

Em 2009, na África do Sul, Maya surfou uma onda de 14 metros, a maior já surfada por uma mulher até então. Em 2013, quase se afogou enquanto praticava o esporte durante uma forte tempestade em Nazaré, Portugal. Após ser resgatada inconsciente, com os tornozelos quebrados e receber reanimação cardiorrespiratória, Maya passou por cirurgias e meses de recuperação. Em 2018 retornou à mesma cidade, onde surfou uma onda de 20,72 metros e entrou para o *Guinness Book* com a maior onda já surfada por uma mulher.

"Faz parte da minha personalidade não fugir de desafios. Não costumo escolher o caminho mais fácil." Maya Gabeira

MEUS OBJETIVOS NO ESPORTE

Neste ano:

1. ....

2. ....

3. ....

No ano que vem:

1. ....

2. ....

3. ....

4. ....

5. ....

QUEM EU POSSO INCENTIVAR A ENTRAR PARA O MUNDO DOS ESPORTES?

Pessoas que eu posso incentivar:

1. ....
2. ....
3. ....

Como posso fazer isso?

1. ....
2. ....
3. ....

TUDO SOBRE ARTE

Pessoas que podem me orientar neste assunto:

1. ....

2. ....

Livros e sites em que posso pesquisar:

1. ....

2. ....

Exposições que já visitei:

1. ....

2. ....

FRIDA KAHLO

DATAS: 1907-1954

NACIONALIDADE: mexicana

OCUPAÇÃO: pintora

FATO IMPORTANTE: 55 de suas 143 pinturas são autorretratos

Frida Kahlo foi uma pintora que se tornou símbolo da criatividade feminina e é considerada uma das maiores artistas do México. Ela usou toda a experiência do sofrimento que passou durante a vida para influenciar suas pinturas. Aos 6 anos, foi acometida por uma doença chamada poliomielite, que prejudicou sua perna direita. Aos 18 anos, quando havia acabado de iniciar os estudos para se tornar médica, sofreu um grave acidente de ônibus, que causou danos à sua coluna e a deixou com o corpo todo engessado por três meses.

Frida desistiu da Medicina e, por incentivo do pai, começou a pintar durante a recuperação. Ao longo da vida, teve de passar muitos períodos no hospital e, mesmo nesses momentos, seguia pintando suas obras. Seu trabalho retrata as mulheres com voz forte e desafiadora em um período no qual elas tinham poucos direitos, capta a dor que tantas mulheres e comunidades desfavorecidas enfrentavam, além de ser repleto de cores vivas, influenciado pela cultura mexicana e cheio de simbolismos.

"Pés, para que os quero, se tenho asas para voar?" Frida Kahlo

OBRA DE ARTE FAMOSA QUE EU GOSTARIA DE VER

AMÉRICA

Artista:

Obra:

ÁFRICA

Artista:

Obra:

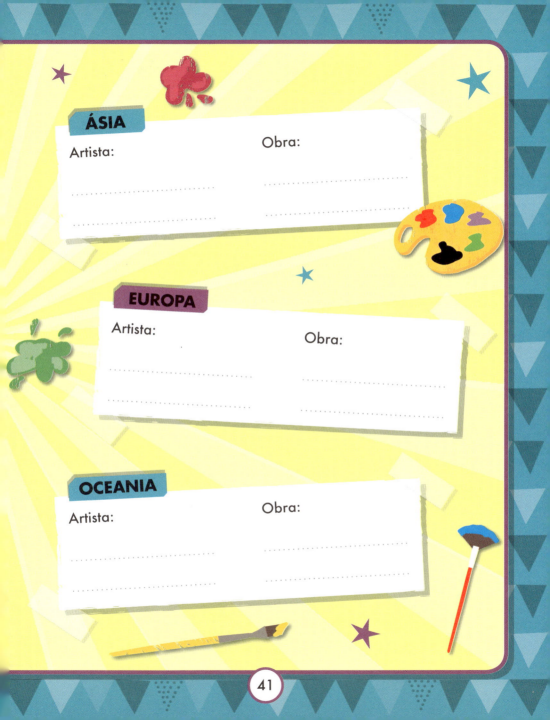

TARSILA DO AMARAL

DATAS: 1886-1973

NACIONALIDADE: brasileira

OCUPAÇÃO: pintora

FATO IMPORTANTE: a "Cratera Amaral", no planeta Mercúrio, foi batizada assim em sua homenagem.

Tarsila do Amaral é considerada uma das principais representantes da Arte Moderna no Brasil. Uma vez, ela escreveu: "Quero ser a pintora do meu país" e, com 230 pinturas, 5 esculturas e centenas de desenhos, alcançou esse objetivo. Tarsila viajava regularmente a Paris e acompanhava as últimas novidades e ideias da Europa, mas acreditava que a arte brasileira deveria representar a vida no Brasil.

Quando criança, adorava cores vibrantes, mas foi ensinada que esses tons não eram sofisticados. Mais tarde, usou essa paixão pela cor em todas as suas pinturas, e os tons vivos passaram a definir seu trabalho, como é possível notar em *Carnaval em Madureira*, *Morro da favela*, *EFCB (Estrada de Ferro Central do Brasil)*, *O mamoeiro* e *São Paulo*.

Suas pinturas capturam com brilhantismo a cultura, as paisagens e o povo brasileiro em um estilo que alterou os rumos da arte brasileira. O trabalho da artista, atualmente, é exibido em importantes museus do mundo.

> "Você pode fechar os olhos para as coisas que não quer ver, mas não pode fechar seu coração para as coisas que não quer sentir." Tarsila do Amaral

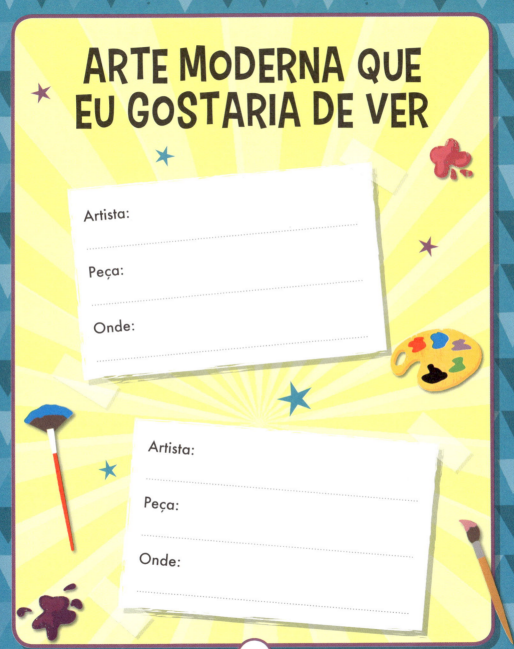

ARTE MODERNA QUE EU GOSTARIA DE VER

Artista:

Peça:

Onde:

Artista:

Peça:

Onde:

...... / ...... / ......

DIÁRIO REBELDE,

Hoje ....

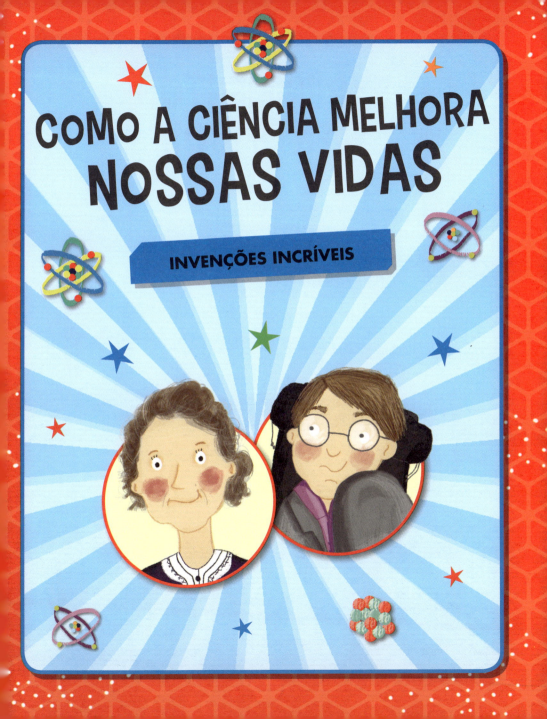
COMO A CIÊNCIA MELHORA NOSSAS VIDAS

INVENÇÕES INCRÍVEIS

EXPERIMENTOS CIENTÍFICOS

Experimentos que eu já fiz:

1. ....
2. ....
3. ....
4. ....

Experimentos que eu gostaria de fazer:

1. ....
2. ....
3. ....
4. ....

MARIE CURIE

DATAS: 1867-1934

NACIONALIDADE: polonesa

OCUPAÇÃO: cientista

FATO IMPORTANTE: ganhou 2 Prêmios Nobel

Marie Curie é lembrada por ter descoberto os elementos químicos rádio e polônio, e por sua enorme contribuição para a luta contra o câncer. Nascida na Polônia, mudou-se para a França, onde continuou os estudos e se tornou pesquisadora. Depois de 11 anos de estudos e pesquisas, conseguiu isolar o elemento rádio e, no ano seguinte, em 1903, com seu marido, recebeu o Prêmio Nobel de Física, tornando-se a primeira mulher a receber o prêmio.

Apesar da trágica morte do esposo, que foi atropelado por uma carruagem, Curie continuou sua pesquisa e, em 1911, recebeu o Prêmio Nobel de Química, por criar uma forma de medir a radioatividade, tornando-se a primeira pessoa a receber o Prêmio Nobel duas vezes.

Durante a Primeira Guerra Mundial, Marie Curie desenvolveu pequenas unidades móveis de radiografia, apelidadas de "petites Curies", que podiam ser usadas para diagnosticar lesões de soldados nos campos de batalha. Sua pesquisa foi vital para o desenvolvimento dos raios X para uso cirúrgico, e ela ensinou a muitos médicos sobre essas novas técnicas. Apesar disso, continuou a enfrentar oposição de cientistas homens. Após a guerra, Marie se tornou reconhecida mundialmente por seu trabalho extraordinário.

"Devemos ter perseverança e confiança em nós mesmos. Devemos acreditar que temos talento para alguma coisa, e que essa coisa pode ser alcançada." Marie Curie

MAIORES AVANÇOS CIENTÍFICOS

COISAS QUE EU QUERIA TER DESCOBERTO NA...

MEDICINA:

Avanço:

Quem descobriu:

ENGENHARIA:

Avanço:

Quem descobriu:

ASTRONOMIA:

Avanço:

Quem descobriu:

QUÍMICA:

Avanço:

Quem descobriu:

FÍSICA:

Avanço:

Quem descobriu:

FÍSICA QUÂNTICA:

Avanço:

Quem descobriu:

ARQUEOLOGIA:

Avanço:

Quem descobriu:

STEPHEN HAWKING

DATAS: 1942-2018

NACIONALIDADE: inglês

OCUPAÇÃO: cientista e astrofísico

FATO IMPORTANTE: flutuou em gravidade zero durante uma demonstração na NASA

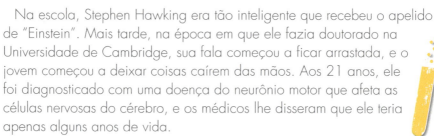

Na escola, Stephen Hawking era tão inteligente que recebeu o apelido de "Einstein". Mais tarde, na época em que ele fazia doutorado na Universidade de Cambridge, sua fala começou a ficar arrastada, e o jovem começou a deixar coisas caírem das mãos. Aos 21 anos, ele foi diagnosticado com uma doença do neurônio motor que afeta as células nervosas do cérebro, e os médicos lhe disseram que ele teria apenas alguns anos de vida.

Hawking começou a estudar e a trabalhar mais do que nunca e, contra todas as probabilidades, viveu uma vida longa e distinta. Hawking se concentrou em pesquisar buracos negros e teorias do espaço-tempo. Sua descoberta mais famosa foi a de que os buracos negros no espaço emitem alguma radiação. Antes disso, os cientistas acreditavam que nada poderia escapar da gravidade enorme dos buracos negros. Apesar de preso a uma cadeira de rodas e incapaz de mover-se ou de falar, exceto por meio de um sintetizador de voz, Stephen Hawking tornou-se um dos grandes comunicadores de nosso tempo. Seu livro de enorme sucesso, *Uma breve história do tempo*, explicou assuntos complicados, como o big bang e os buracos negros, em uma linguagem acessível ao público leigo.

"Olhe para as estrelas, e não para os pés. Tente entender o que vê e pergunte-se sobre o que faz o universo existir. Seja curioso." Stephen Hawking

....../....../......

DIÁRIO REBELDE,

Hoje ....
....
....
....
....
....
....
....
....
....
....
....
....

GÊNIO DA TECNOLOGIA

Melhores invenções até hoje:

1. ....

De: ....

2. ....

De: ....

3. ....

De: ....

Minhas invenções tecnológicas:

1. ....

2. ....

3. ....

……/……/……

DIÁRIO REBELDE,

Hoje ……

INVENÇÕES PARA AJUDAR OS PAÍSES EM DESENVOLVIMENTO

Melhor invenção até hoje:
....

Maiores necessidades:

1. ....

2. ....

3. ....

4. ....

Minhas Viagens

Melhores lugares que eu já visitei:

1. ....

2. ....

3. ....

Lembranças mais felizes das viagens que fiz:

1. ....

2. ....

3. ....

..... / ..... / .....

DIÁRIO REBELDE,

Hoje

MARCO POLO

DATAS: 1254-1324

NACIONALIDADE: italiano

OCUPAÇÃO: comerciante e explorador

FATO IMPORTANTE: foi um dos primeiros europeus a chegar à China

Marco Polo foi um comerciante e aventureiro veneziano. Nascido em uma família rica, viajou muito com o pai, um bem-sucedido comerciante de joias. Pai e filho deixaram a Europa em 1271 e ficaram na Ásia até 1295. Desses anos, eles passaram 17 na China, como conselheiros de Kublai Khan. Quando voltaram para a Itália, depois de mais de 20 anos, tudo havia mudado em sua cidade natal, e Marco Polo foi capturado em um cerco. Enquanto estava na prisão, escreveu sobre suas viagens e experiências na Ásia, no livro *As viagens de Marco Polo* – um relato que mostra vividamente a diferença de cultura entre o Ocidente e o Oriente.

Por centenas de anos, Marco Polo foi a única fonte de informação europeia sobre a China, e seus escritos se tornaram uma inspiração para exploradores como Cristóvão Colombo, que levou um exemplar do livro de Polo quando partiu em busca de uma nova rota para o Oriente, em 1492.

"Quem comanda a narração não é a voz: é o ouvido." Marco Polo

PAÍSES QUE EU GOSTARIA DE VISITAR

Continente: ....

País: ....

Continente: ....

País: ....

Continente: ....

País: ....

Continente: ....

País: ....

MINHA VIAGEM DOS SONHOS

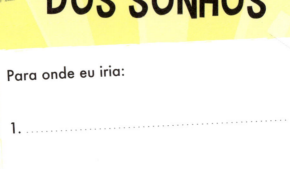

Para onde eu iria:

1. ....
2. ....
3. ....

O que eu gostaria de ver:

1. ....
2. ....
3. ....

Rota que eu faria:

Como vou realizar isso:

DIÁRIO REBELDE,

……/……/……

Hoje …………………………………………………
…………………………………………………………
…………………………………………………………
…………………………………………………………
…………………………………………………………
…………………………………………………………
…………………………………………………………
…………………………………………………………
…………………………………………………………
…………………………………………………………
…………………………………………………………
…………………………………………………………
…………………………………………………………

CULTURAS FASCINANTES

Lugar: ....

O que é fascinante: ....

Lugar: ....

O que é fascinante: ....

Lugar: ....

O que é fascinante: ....

Lugar: ....

O que é fascinante: ....

CONECTANDO-SE A COMUNIDADES REMOTAS

Instituições de caridade para entrar em contato:

1. ....

2. ....

3. ....

Melhores sites:

1. ....

2. ....

3. ....

PESSOAS QUE POSSO AJUDAR

Nome: ....

Posso ajudar ao ....
....

Nome: ....

Posso ajudar ao ....
....

Nome: ....

Posso ajudar ao ....
....

MELHORES AMIGOS

Nome: ....

Aniversário: ....

Melhor lembrança: ....

Melhor amigo porque ....

Nome: ....

Aniversário: ....

Melhor lembrança: ....

Melhor amigo porque ....

Nome: ....

Aniversário: ....

Melhor lembrança: ....

Melhor amigo porque ....

DIÁRIO REBELDE,

Hoje ……

MALALA YOUSAFZAI

DATAS: 12 de julho de 1997

NACIONALIDADE: paquistanesa

CAUSAS: ativista dos direitos das mulheres

FATO IMPORTANTE: a mais jovem vencedora do Prêmio Nobel

Aos 11 anos, Malala Yousafzai criou um blogue no qual relatou o fechamento das escolas para meninas em seu país natal, o Paquistão. Ela fez uma campanha defendendo o direito das meninas ao estudo e ganhou o primeiro Prêmio Juvenil da Paz, aos 14 anos. Isso chamou a atenção do Talibã, uma organização terrorista no Paquistão.

Eles fizeram ameaças contra ela, e, quando Malala tinha apenas 15 anos, foi baleada na cabeça durante seu trajeto da escola para casa. Esse atentado virou notícia no mundo todo, e ela foi levada para o Reino Unido, a fim de ser tratada. Malala ficou no Reino Unido e continuou sua defesa pela importância da educação.

Ela foi convidada para falar nas Nações Unidas, em Nova Iorque, quando tinha 16 anos, e, um ano depois, recebeu o Prêmio Nobel da Paz. Ela também criou o Fundo Malala, com o objetivo de oferecer "um mundo onde todas as meninas possam aprender e se tornar líderes sem medo". O fundo trabalha em regiões onde a educação para meninas está mais ameaçada, como Paquistão, Afeganistão, Índia e Nigéria.

"Os extremistas temiam – e temem – livros e canetas. O poder da educação os assusta. Eles têm medo das mulheres... Vamos pegar os livros e as canetas. Essas são nossas armas mais poderosas." Malala Yousafzai

PESSOAS INSPIRADORAS QUE EU CONHEÇO

Nome: ....

Motivo: ....
....
....

Nome: ....

Motivo: ....
....
....

Nome: ....

Motivo: ....
....
....

CAUSAS IMPORTANTES NO MEU PAÍS

Campanhas mais bem-sucedidas:

1. ....
2. ....
3. ....
4. ....

Causas que admiro:

1. ....
2. ....
3. ....
4. ....

DIÁRIO REBELDE,

Hoje ....

CAUSAS IMPORTANTES AO REDOR DO MUNDO

Campanhas mais bem-sucedidas:

1. ....
2. ....
3. ....
4. ....

Causas que admiro:

1. ....
2. ....
3. ....
4. ....

DIÁRIO REBELDE,

....../....../......

Hoje ....

COMO POSSO FAZER A DIFERENÇA

Na minha comunidade:

1. ....
2. ....
3. ....

No mundo:

1. ....
2. ....
3. ....

A melhor coisa que eu poderia fazer para ajudar neste momento:

....
....
....

DIÁRIO REBELDE,

Hoje

PROMOVENDO UMA CAUSA

Se eu pudesse fazer um discurso para ajudar uma causa, seria para:

....
....
....
....

Principais pontos:

1. ....
2. ....
3. ....

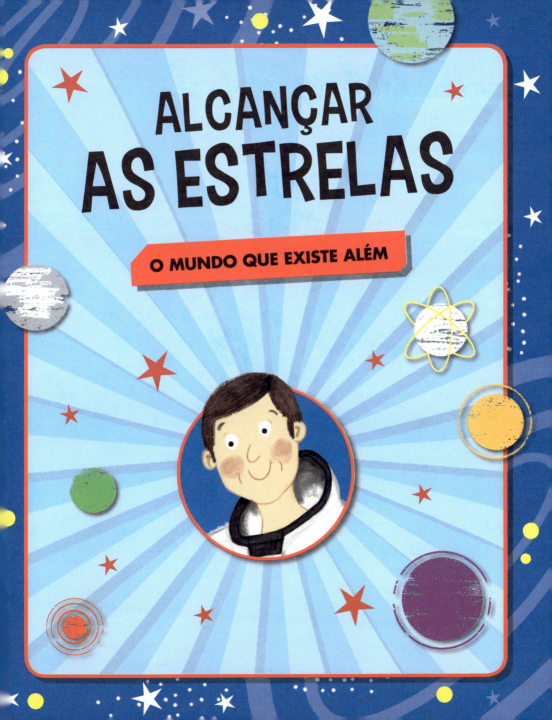

NEIL ARMSTRONG

DATAS: 1930-2012

NACIONALIDADE: estadunidense

OCUPAÇÃO: engenheiro aeronáutico

FATO IMPORTANTE: primeira pessoa a pisar na Lua

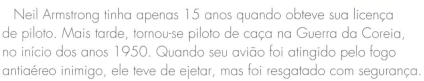

Neil Armstrong tinha apenas 15 anos quando obteve sua licença de piloto. Mais tarde, tornou-se piloto de caça na Guerra da Coreia, no início dos anos 1950. Quando seu avião foi atingido pelo fogo antiaéreo inimigo, ele teve de ejetar, mas foi resgatado com segurança.

Em 1962, foi selecionado para o Corpo de Astronautas da NASA. Sua primeira viagem ao espaço foi a bordo do Gemini 8, em 1966, quando pilotou o primeiro acoplamento bem-sucedido de duas naves no espaço. Essa missão, no entanto, teve de ser interrompida devido a uma falha no sistema.

Foi o papel como comandante da Apollo 11, em julho de 1969, que garantiu seu lugar na história. De repente, ele teve de assumir o controle manual do módulo de pouso e aterrissou na Lua com apenas 40 segundos de combustível restantes. E enquanto o mundo inteiro assistia, Neil Armstrong andou na Lua e disse a famosa frase: "Este é um pequeno passo para o homem, um salto gigantesco para a humanidade". Armstrong e seu colega astronauta Buzz Aldrin coletaram amostras da superfície lunar. Suas pegadas na Lua podem ser vistas ainda hoje, pois não há vento para apagá-las.

"A única coisa que torna qualquer homem mais feliz é a percepção de que ele trabalhou até os limites de suas habilidades, de sua capacidade." Neil Armstrong

....../....../......

DIÁRIO REBELDE,

Hoje ....

MEUS HERÓIS DO ESPAÇO

Nome: ....

Nacionalidade: ....

Maior conquista: ....

....

....

Nome: ....

Nacionalidade: ....

Maior conquista: ....

....

....

POR QUE EU GOSTARIA DE IR PARA O ESPAÇO

Meu plano para chegar lá:

....

....

....

....

Maiores desafios para mim no espaço:

1. ....

2. ....

3. ....

TREINAMENTO ESPACIAL

Assuntos que preciso estudar:

1. ....

2. ....

3. ....

4. ....

Pessoas que poderiam me aconselhar:

1. ....

2. ....

3. ....

AONDE EU GOSTARIA DE IR NO ESPAÇO

Planeta: ....

Porque: ....

Veículo que usaria: ....

Planeta: ....

Porque: ....

Veículo que usaria: ....

Planeta: ....

Porque: ....

Veículo que usaria: ....

....../......./......

DIÁRIO REBELDE,

Hoje ....

EU LEVARIA PARA O ESPAÇO...

Pessoas:

....
....
....
....

Músicas:

....
....
....
....

Itens legais:

....
....
....
....

DIÁRIO REBELDE,

……/……/……

Hoje …………

HALL DA FAMA

AS 10 PESSOAS QUE ME INSPIRAM:

1. ....
2. ....
3. ....
4. ....
5. ....
6. ....
7. ....
8. ....
9. ....
10. ....

....../ ....../ ......

DIÁRIO REBELDE,

Hoje ....

TRABALHO DOS SONHOS

Tipo de trabalho: ....

Lugar: ....

Motivo: ....
....
....
....

Meu plano para conseguir esse trabalho:
....
....
....
....
....

....../....../......

DIÁRIO REBELDE,

Hoje ....
....
....
....
....
....
....
....
....
....
....
....
....

MEUS OBJETIVOS PARA O PRÓXIMO ANO

Mês:
....

Meu objetivo:
....

Mês:
....

Meu objetivo:
....

Mês:
....

Meu objetivo:
....

Mês:
....

Meu objetivo:
....

Mês:
....

Meu objetivo:
....

Mês:
....

Meu objetivo:
....